给孩子的简明中国史

A Child's History of China

太喜欢历史了！

知中编委会 编著

 秦与西汉

中信出版集团｜北京

图书在版编目（CIP）数据

太喜欢历史了！给孩子的简明中国史 / 知中编委会
编著. -- 北京：中信出版社, 2019.4（2025.9 重印）
ISBN 978-7-5086-9375-0

Ⅰ.①太… Ⅱ.①知… Ⅲ.①中国历史－少儿读物
Ⅳ.①K209

中国版本图书馆CIP数据核字(2019)第013398号

秦与西汉（太喜欢历史了！给孩子的简明中国史）

编　　著：知中编委会
出版发行：中信出版集团股份有限公司
　　　　　（北京市朝阳区东三环北路27号嘉铭中心　邮编　100020）
承 印 者：北京联兴盛业印刷股份有限公司

开　本：787mm×1092mm　1/16　印　张：5　　　字　数：90千字

版　次：2019年4月第1版　　印　次：2025年9月第32次印刷

书　号：ISBN 978-7-5086-9375-0

定　价：398.00元

太喜欢历史了！
给孩子的简明中国史

出版人 & 总经理
苏静

艺术指导
汉堡

内容监制
叶扬斌

撰稿人
郭怡菲 / 罗灿 / 书鱼 / 徐乐 / 许峥 / 李艺 / 绪颖 /
陆西渐

插画师
Ricky / 蒋讲太空人 / 子鱼非 / 黄梦真 / Zoey /
Yoka

策划编辑
王菲菲 / 苏静

责任编辑
陈鹏 / 叶扬斌 / 刘莲

营销编辑
马英 / 谢沐 / 张雪文 / 严婧 / 刘天怡

联系我们
zhichina@foxmail.com

发行支持
中信出版集团股份有限公司，北京市朝阳区惠新
东街甲 4 号，富盛大厦 2 座，100029

微博账号
@ 知中 ZHICHINA

微信账号
ZHICHINA2017

文：郭怡菲，书鱼

绘：蒋讲人空人（时代背景）
　　Ricky（衣食住行用，历史事件）

你知道"天下"为何物吗？

从字面上来看，"天下"可以理解为普天之下所有的土地和生灵。最初，"天下"的概念还没有特别的空间界限，直到春秋战国时期，诸侯割据四方，"天下"的范围才逐渐具体到以黄河流域为中心的中国版图。

当时，各诸侯为了成为天下的主宰者，前后混战五百多年，最终秦国灭六国，成为最后的赢家。在亲手结束混乱的战国时代后，秦王嬴政（Yíng Zhèng）立马开始建立自己的帝国，下令统一货币、车的轨距与文字等，并且废除了延续数百年的分封制，

为的就是将所有权力集中在自己手里。秦朝因此成为了中国漫长历史洪流中第一个中央集权的朝代，秦王嬴政也成为中国第一位皇帝，史称秦始皇。

随着秦朝的建立，"天下"这个概念正式与政治世界相连。对秦始皇来说，秦朝的疆域就是他的天下，但他的独断专制却激起天下人的反抗。繁重的徭役、沉重的赋税负担以及残酷的刑法等，使得越来越多的人加入了推翻秦朝的队伍，秦朝就这样一步步走向灭亡的深渊……

生活在秦朝

?

衣

结束战国乱世后，秦始皇最在意的事就是如何建立一个伟大的帝国。

在建国之初，秦始皇大费周折，统一全国上下的衣冠制度。当时，从春秋战国时期就开始流行的深衣，已经走进了秦朝普通百姓的日常生活。可与之前不同的是，秦朝的深衣通常袖筒宽大、袖口较窄。不仅如此，秦始皇还根据五德终始说，将黑色作为秦朝最尊贵的颜色，禁止普通百姓穿黑色的衣服。在那时，高官们都只能穿绿色的衣服，而普通百姓一般都穿白色的衣服。

知识充电站

咥饭

你知道在现在的陕西方言里，吃饭不叫吃饭，叫咥(dié)饭吗？"咥"就是"咬"的意思，也可以理解为吃到极致。相传"咥饭"这个词早在先秦时期就出现了，它一直被陕西关中、河西走廊一带的百姓沿用至今。

食

秦国疆域主要以陕西关中一带为中心。这个地区干旱少雨，非常适合小麦生长，因此，秦国的百姓平时主要吃面食。此外，粟也是秦人的主食之一。秦朝建立后，秦始皇不断向外扩张，百越（今岭南一带）也被秦军征服。就这样，中原地区先进的烹饪技术被传进百越，当地人利用铁质炊具和特有的食材，形成了当地的特色菜式。人们这时才开始意识到："原来每个地区的口味都是不一样的啊！"

你知道秦朝人吃什么吗？

住

在古代，山的南面和水的北面叫作"阳"，山的北面和水的南面则叫作"阴"。秦国的咸阳城正好同时位于九嵕（zōng）山的南面和渭水的北面，所以被称为咸阳，意思是"全都是阳"。从战国时期开始，咸阳就作为秦国都城而闻名天下，秦朝建立后，秦始皇修建了以咸阳为中心的庞大宫殿建筑群，那里还有繁荣稳定的民间商业集市，用现在的话来说，咸阳就是秦朝的首都啦！

以镒称铢

镒(yì)与铢(zhū)都是中国古代的重量单位。二十两或二十四两为一镒，二十四铢为一两。因此，该成语的意思是用镒同铢相比，表示力量处于绝对优势。

行

对秦朝人来说，日常生活发生最大变化的就是出行比以前方便了！春秋战国时期，诸侯国之间常年交战，到处都是关塞堡垒。加上各国道路宽度也都不同，出行的人在旅途中常常需要不停地更换当地的马车，十分麻烦。秦始皇统一天下后，立马下令拆除这些关塞堡垒。紧接着，秦始皇开始在国境内兴修道路，有往东、向南去的驰道，有往北方去的直道，加上秦国早年在西南地区修筑的五尺道。渐渐地，秦朝的交通网就这么建立了起来！

用

还记得春秋战国时期多种多样的货币吗？到了秦朝，这种混乱的局面当然也非常不利于整体的经济发展。秦始皇随即决定全国统一货币。货币分上下两种：上币是黄金，以镒为计量单位；下币是秦国最流行的铜制货币——半两钱。这种小巧的方孔圆形币因使用起来十分方便，所以币形被保留下来，在中国使用了两千多年。

07

01

最初的皇帝
需要做什么？

◀ 秦始皇与李斯。

为什么嬴政要称自己为"皇帝"呢？

第一个"皇帝"

公元前221年，秦王嬴政终于完成了统一六国的历史伟业。五百多年乱世结束后，中国迎来了历史上第一个大一统的封建王朝。

面对这样的丰功伟业，嬴政认为自己功德无量。李斯等大臣认为，他的功业超过古代三皇五帝。因此，他把"皇"与"帝"连在一起，称"皇帝"，并自称"始皇帝"。从此，"皇帝"就成为中国古代封建社会中最高统治者的专称，并且被历朝历代的君主沿用。

统一全国之后，统治区域相比以前扩大了很多，因此在经过了激烈讨论之后，秦始皇嬴政采取大臣李斯的建议，在全国范围内推行郡县制，郡县制取代了周朝的分封制度，大大方便了管理。

什么是郡县制？

在郡县制之下，全国被分为36个郡，后来又增加到40个郡，每个郡下面再分出若干个县。分封时代，各诸侯霸占一方，自立为王，而郡县制却让皇帝能够直接控制全国的不同地区。嬴政就这样成功地将权力都集中在了自己手中，这样的封建中央集权制度在中国延续了两千多年。

除了建立新的行政制度之外，嬴政还建立了一套新的中央官僚制度来协助他治理国家，那就是三公九卿制度。三公指的是丞相、御史大夫和太尉，九卿则是中央部分行政长官的总称。他们各自有自己的职责，分工合作，帮助皇帝管理国家。

▲ 秦始皇陵兵马俑。

世界

大事记

中国

公元前218年 罗马共和国与迦太基的第二次布匿战争开始

公元前221年 秦王嬴政统一六国

一统天下合理吗？

嬴政在建立秦朝之后，急需一种理论来证实他兼并六国、一统天下的合理性。而当时，五德终始说正好符合他需求。

五德终始说是在战国末年逐渐发展起来的，那时候古人在对世界的认知之中，把金、木、水、火、土当作构成世界的基本元素。而将五德与朝代更替联系起来的则是战国时期齐国的阴阳家邹衍。

他认为，金、木、水、火、土五德各有各的特点，并且相生相克。从此，只要新的政权统治者宣布自己有接替前一个政权统治者的"德"，那么他的统治便具有了合理性。在嬴政看来，秦朝以水德代替周朝的火德，是符合五德运行规律的，因而是合理的。这也是五德终始说在朝代更替上的应用。

奇迹陵墓

在古代，人们相信肉体死了之后灵魂还存在。为了能够让自己死后依然享受荣华富贵，嬴政令人在骊山设计修建了宏伟的陵墓，也就是后来的秦始皇陵，又称作骊山陵墓。这个超级陵墓前后共修建了三十九年，是按照都城的建筑情

▶ 秦代宫殿咸阳宫。

况进行布局建造的。除了有专门安葬秦始皇的陵墓之外，还有三道城墙将陵园分为内城外城，陵园内还有陪葬墓等附属建筑。

举世闻名的秦始皇陵兵马俑坑就是秦始皇陵的附属建筑之一。秦朝时以俑的方式代替活人殉葬。兵马俑顾名思义，自然是秦始皇用来代替军队的殉葬品。兵马俑坑内出土的数千件体型高大的陶俑和陶马，是秦朝工匠雕塑作品的杰作。陶俑都是按照秦国军队将士们的真实形象雕塑的，面目表情丰富，神态逼真，形象而又真实地展示了秦朝军队的兵种、编制和武器装备等情况。

嬴政不仅令人建造了最宏伟的陵墓，还在咸阳大兴土木，建造用来娱乐的超级宫殿——阿房宫(Ēpánggōng)。在当时，这个宫殿有历史上从未有过的规模，据说能够容纳十万人！

可修建这个宫殿的工程量实在是太大了，秦朝直到灭亡，也没能修完。

▼ 五德终始说示意图。

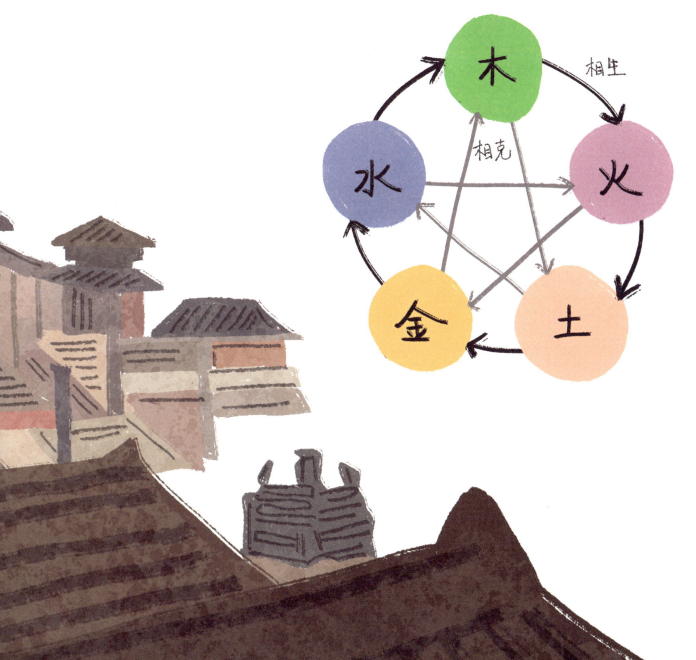

02

万里长城有什么用？

为什么秦朝要修筑万里长城呢?

匈奴是战国时期生活在秦、赵、燕以北广大地区的游牧民族,是中原国家的邻居。这些邻居经常欺负中原百姓,跑来抢夺粮食和财产。秦灭六国时,各国都在打仗,匈奴便趁着这个机会占据了河套地区,不断发展自己的势力。

从地理位置上来说,河套地区恰好就在秦国都城的背后。因此,秦朝建立后,匈奴变成了嬴政最头疼的问题之一。还记得前文说到的岭南地区吗?秦军在攻打这里时,同时也在与匈奴作战。在大将军蒙恬的领导下,强悍的秦军很快就夺回了被匈奴占领的河套地区,并在此设置了九原郡。

为了防止匈奴再次南下,嬴政决定修筑长城进行防御。其实抵御匈奴的长城并不是秦朝才有的,早在战国时期,秦、燕、赵三国就修筑过。所以,秦朝的长城其实就是将秦、燕、赵三国的北部长城连接起来,并向两侧延伸出去,西到临洮,东至辽东郡,最后形成了五千多公里的万里长城,史称秦长城。

虽然秦朝的万里长城是基于各国原有长城修筑的,但当时人们使用的工具十分简陋,交通也不够发达,因此,修筑长城是个艰难的大工程。

此外,尽管万里长城对抵御匈奴的侵犯掠夺起到了巨大的作用,但修筑长城的繁重工作也给秦朝老百姓造成了巨大的负担。上百万缺衣少食的劳工被征发到修筑工程里,每天都有大量的劳工被累死、饿死,这也成为后来秦末农民起义的原因之一。

◀ 秦朝修筑长城是为了抵御匈奴。

世界 ｜ 大事记 ｜ 中国

公元前214年 第一次马其顿战争开始

公元前214年 大将军蒙恬驱逐匈奴

03

读书人的飞来横祸

秦始皇下令烧掉了许多书，这对后世有什么影响？说说看。

公元前213年，为了庆祝秦军的辉煌战绩，嬴政在咸阳宫举行宴会庆祝。这时，博士（官职名）淳于越提出了对郡县制的不同意见。淳于越认为，废除分封制以后，一旦中央发生夺权的事故，统治者就没有办法自救，所以秦朝应当遵循周朝的分封制。丞相李斯当然不同意，立刻指责淳于越："历史是发展变化的，怎么能用过去的事例否定现实呢？"小朋友，你还记得分封制是怎么一回事吗？

最后，李斯把淳于越的这番言论归因于读书，他认为读书太多会使人思想混乱，进而影响到皇帝权威。于是，李斯建议，除了博士收藏的书籍之外，民间只能保留医书、占卜书和有关种树的书，"《诗》、《书》、百家语"及其他书籍都应该被烧掉。秦始皇可不愿意自己的权力被动摇，立刻批准了这个建议，并下令将之在全

国推行，结果大量文化典籍化为灰烬。虽然博士收藏了一些书籍，但不幸的是，这些书籍又在秦末农民战争中被毁。

此外，因为嬴政幻想长生不死，所以有一些方士用可以献上长生不老药之类的谎言骗取他的信任。但是，嬴政也不傻，他规定，方士献上的方法如果无效，那么方士本人就要被处以死刑。在这样的压力下，自知无法献上仙药的方士卢生与侯生就决定逃之夭夭，并散布对嬴政不利的传言。

嬴政知道这件事后勃然大怒，但因为他们早已跑得无影无踪，嬴政只好下令把涉及诽谤他的方士和儒生都通通抓起来审问。这些人迫于压力，相互告密。最终，嬴政圈定了四百六十多人，下令将他们直接活埋。

以上便是历史上著名的"焚书坑儒"事件，这一事件也加快了秦朝的灭亡。

▼ 秦始皇下令烧书。

04
忍无可忍！秦朝的末路

百越之战

秦国统一六国后，广大的南方地区还居住着众多未被征服的部落。这些人与中原民族不同，被称为"越人"，大大小小的部落合起来，就叫作"百越"。

公元前219年，虎视眈眈的秦朝派大将军屠睢(Tú Suī)发动了对百越的进攻。但是越人占据地理优势，对秦军进行了顽强抵抗，秦军就算不吃不睡也攻不下来。直到公元前214年，一条名为灵渠的运粮河道修造完工，为秦军提供了充足的粮草，秦朝才最终取得胜利。在拿下岭南地区后，秦朝在此处设置了南海、桂林、象郡三个郡。

公元前210年，最后的百越势力瓯(ōu)骆部落被打败，岭南地区这才全部成为秦朝的领土。因百越地区物产丰富、人烟稀少，秦朝先后派遣了大约十五万百姓、失职官员、士兵移民去岭南。这样大规模的迁徙，导致关中的百姓数量大大减少。

全国巡游

秦始皇嬴政在他的统治期间秉承了周王朝巡行的惯例，先后进行了五次全国巡游。他每次都会花很长时间游览风景、封禅或者巡视边防。

但旅途并不总是开心的。

在嬴政的第三次巡游中，韩国贵族的后人张良想要杀死嬴政，于是找了一名大力士在嬴政途经的地方埋伏。车驾经过的时候，这名大力士突然跳出，用巨大的铁锤发动袭击！可惜误打误撞只击中了随从的车辆，嬴政就这么逃过一劫。

公元前210年，嬴政进行了第五次巡游，走到沙丘行宫（今河北境内）时，他突发重病死去。赵高和李斯扶持了嬴政的小儿子胡亥当皇帝，他就是人们所说的秦二世。

胡亥当上皇帝时才二十岁，并不懂得如何治理国家，因此对帮助自己夺取皇位的赵高十分信任，并授予了他郎中

16

► 秦朝人被要求迁往岭南。

令的职位。赵高本是一名地位卑贱的宦官，忽然得到皇帝的重用，内心非常惶恐，既害怕大臣们不服气，又害怕嬴政的其他儿子们对胡亥当皇帝不满。于是赵高找了许多理由，竭力劝说胡亥诛杀大臣和他的三十几个兄弟姐妹。

这些公子和公主在胡亥的迫害下，有的被杀，有的自杀，有的因为害怕家人受牵连而主动要求为秦始皇殉葬。有功劳有能力的大臣更是纷纷被害，就连丞相李斯也没能逃过赵高的毒手。一时间人心惶惶，愤怒的情绪也在民间悄悄地滋生。

胡亥比他的爸爸嬴政更加残酷，大量百姓被征召去修建宫殿、陵墓、道路、城墙等大型工程，一年到头不停干活，死伤不计其数。人人都感到生活暗无天日，处在恐惧和愤怒之中。后来，终于有人忍无可忍，一场惊天动地的农民起义爆发了。

沉默中的爆发

公元前209年的秋天，一支九百多人的队伍在大泽乡驻扎。他们是被派往渔阳守边的贫苦百姓，由叫作陈胜和吴广的两个人带领。这天，望着天上一直下个不停的大雨，陈胜和吴广都很苦恼。他们在大泽乡已经停留了好几天，可雨还是不停，道路也因大雨而被阻断，没办法通行。

秦朝的法律十分严苛，如果他们不能按时到达渔阳，所有人都会被砍头。陈胜和吴广一商量，都觉得肯定没法按时到达了，即使逃跑，被抓回来也是死罪。面对一个必死的局面，两个人决定干脆发动起义来反抗秦朝。

陈胜听说，本来应当是公子扶苏当皇帝，但胡亥利用阴谋杀害了他，自己当了皇帝；还有一个叫项燕的楚国将军，受楚人爱戴，如今下落不明。他认为，自己和吴广可以假装是公子扶苏和项燕的人，站出来呼吁大家一起反抗。

吴广偷偷把写有"陈胜王"的纸条藏进鱼肚子里，半夜在草丛中学狐狸鸣叫，说楚国会复兴。大泽乡原本就是楚国的土地，这里的人们正在为即将到来的死刑发愁，所以两人的计策十分有效。大家为了保命，合力杀死了押送他们的秦朝军尉，陈胜登高一呼，便有许多人跟随他起义！

陈胜吴广起义的消息一传出来，立刻就有许多人响应，并效仿他们杀死压迫自己的秦朝官吏。这些人中有的是当年六国的旧贵族，比如项羽；有的是秦朝的下层官吏，比如刘邦。

世界 大事记 中国

公元前209年 冒顿杀父头曼自立为单于，统一匈奴

公元前209年 陈胜吴广起义

▲ 陈胜吴广起义。

05

秦朝是怎么败亡的？

看到这里，你说说看，秦朝为什么会灭亡呢？你愿意生活在这样的朝代吗？为什么？

成语讲堂

破釜沉舟

　　起义军是砸破锅碗、凿沉大船，怀着必胜的决心前往钜鹿与秦军决一死战的。后来人们用"破釜沉舟"来形容不给自己留后路，下定决心不顾一切干到底的精神。

▼ 刘邦和项羽的起义军队。

成语讲堂

指鹿为马

掌握了朝中大权的赵高，为了试探群臣对自己是否忠心，就向胡亥进献了一头鹿，并当着大臣们的面，说这是一匹马。胡亥惊讶地说："丞相看错了吧，这明明是鹿，怎么说是马呢？"当他询问左右大臣的意见时，大臣们有的说是鹿，有的说是马。赵高暗暗记下说是鹿的那些大臣，四处找茬陷害他们，这样一来，大家再也不敢反抗他了。后来人们便用"指鹿为马"这个成语比喻故意颠倒黑白，混淆是非。

超级大力士项羽

随着起义的人越来越多，形势也越来越杂乱。陈胜和吴广的军队在取得几次大胜后，因人心不齐，渐渐出现败象。后来，吴广、陈胜相继牺牲，刘邦和项羽成了当时最有名的两个起义军领袖。

项羽是楚国贵族的后裔。

当年秦国消灭楚国时，项羽还只有十一岁。后来，项羽在嬴政巡游的途中远远望见了始皇帝，竟然脱口而出："我可以取而代之！"

这个志向远大的项羽长到二十来岁时，已经生得很高，力气也比寻常人都要大，能徒手扛起一个大鼎。

起义期间，项羽和叔父项梁一开始带领着八千家乡子弟组成的部队。陈胜吴广死后，项梁听从了谋士范增的劝说，找到了楚怀王的孙子熊心，将他尊为领袖，也称他为楚怀王，并借助他的声望来聚拢人心。可惜后来项梁因为骄傲轻敌，被秦军杀死。项羽和刘邦成为起义军队的主要首领。

必胜的钜鹿之战

秦军打败项梁之后，把赵国的君臣围困在了钜鹿。楚怀王任命宋义为上将军，项羽为次将，率领军队支援钜鹿。可这个宋义是个不分轻重的人，行军到半路就停了下来，拖延了四十六天都不肯前往，只顾自己喝酒享乐，放任军中士兵

饥寒交迫而不闻不问。眼见胜利的时机就要错过，项羽在愤慨下忍无可忍，拔剑杀死了宋义，然后自己率领全部兵马北上。

要去钜鹿，必须渡过一条叫漳水的大河。为了激励士气，大军一过河，项羽就命人凿沉了所有船只，烧毁了营地，甚至连吃饭用的锅碗瓢盆都打碎了。每个士兵只带了够吃三天的干粮，所以和秦军这场仗，只能胜利，不能失败！公元前207年冬天，起义军和三十万秦军在钜鹿（今河北境内）展开了决定性的战役。这样一支英勇而有决心的军队，最终果然大获全胜。

咸阳的变故

当起义军与秦军作战时，咸阳都城中也在上演一出宫心计。秦二世胡亥根本就不愿意操心国家大事，赵高就顺水推舟劝他："以后您不要召见大臣了，有什么事吩咐我就行。"这正合胡亥的心意。久而久之，权力就全落在了赵高手中。

赵高和李斯当初因利益联合在一起，这时也因利益而反目。赵高向胡亥告状，说李斯有谋反的意图并把他抓捕入狱。但李斯因在狱中承受个了酷刑折磨，就向胡亥认了罪，最后被腰斩而亡。这样一来，赵高又升职做了丞相。

项羽北上进军时，刘邦也领着军队从西面进攻，一路势如破竹，打到了武关。秦朝的统治摇摇欲坠，赵高害怕胡亥责难，于是先下手为强，让女婿带人去望夷宫杀了胡亥。胡亥临死才恍然大悟，却已经太晚了。

胡亥死后，赵高又找来了胡亥的侄子子婴来当他的傀儡。但因为各地起义，秦朝的统治已经名存实亡，所以赵高向大臣们说，如果现在还称皇帝，就只是一个空空的名号罢了，不如还像以前一样，叫秦王算了。

但子婴与胡亥不同，他是个清醒聪明的人，一早看穿了赵高的底细，知道赵高是怕被群臣报复才拥立自己为王的，他随时可能将自己也杀死。于是，子婴赶紧设计铲除了这个奸臣。可没过多久，刘邦率领的军队就打到了咸阳城外，就算神仙也无力回天。刚当了四十六天秦王的子婴得到消息，只好乘着没有装饰的车，在脖子上套上绳子表示自己有罪，捧着皇帝用的玉玺等物，来向刘邦投降。

于是，在公元前206年，秦王朝辉煌而短暂的统治就这样正式宣告结束。

成语讲堂

约法三章

刘邦轻而易举地攻进了咸阳，面对秦朝的宫殿、财宝、美女等一时也感到迷乱。但他在手下樊哙（Fán Kuài）与张良的劝说下很快清醒，并将军队退到灞上，召集民众，跟他们约定：一，杀人者要被处死；二，伤人者要抵罪；三，盗窃者也要受到惩罚。

这三条法令极大地安抚了惊恐的百姓，维持了咸阳的秩序，人们纷纷称赞刘邦是一位仁厚道德的领袖。现在我们通常用"约法三章"来泛指订立简单的条款和约定。

▼ 民众聚在一起，看刘邦的"约法三章"。

06 一场有着生命危险的宴会！

▼ 项羽、刘邦等的戏亭分封。

成语讲堂

明修栈道，暗度陈仓

所谓"栈道"，是古人在悬崖峭壁等地势险要的地方，通过凿孔支架的方式铺上的木板建成的通道。只有通过栈道，人们才可以在山区行军打仗、运输粮草。在被封为汉王之后，刘邦为了向项羽表明自己没有野心，特意在前往汉中途中烧毁了跨越山谷的栈道。

后来在韩信的建议下，刘邦趁项羽被叛乱吸引注意力的时机，派遣手下大张旗鼓地修复之前烧毁的栈道，做出一副要从栈道进攻的样子。与此同时，刘邦亲自率领主力军队，出其不意地从另一条路线发起突袭，并在陈仓这个地方大败名将章邯，打开了敌人阵地的缺口。

现在我们常用"明修栈道，暗度陈仓"或者"暗度陈仓"指代用明显的行动迷惑对方，以使敌人不备而出奇制胜的策略，或者比喻用假象迷惑对方以达到某种目的。

当项羽带领着四十万诸侯联军挺进关中时，占据咸阳的刘邦只有十万人。无论是士兵的数量、将领的能力还是统帅的威望，刘邦都不能和刚刚正面击溃秦军的项羽相比。所以他不得不退出咸阳，将军队驻扎在咸阳城外的灞上，做出示弱的姿态。

当时有人说项羽对刘邦十分不满，想要对他发起进攻，所以刘邦手下的人都很担心。甚至连左司马（相当于副总参谋长）曹无伤也暗中向项羽投诚，还怂恿项羽消灭刘邦。而且，项羽对刘邦之前阻止他入关一事一直非常生气，又听从谋士范增的劝说，决定邀请刘邦到自己地盘上的鸿门来吃饭，打算在宴会上杀了他。

谁知，项羽的计划被人泄露了。有一个叫项伯的将领，因为刘邦手下的军师张良对他曾有救命之恩，所以他连夜来给刘邦通风报信，让刘邦小心。

第二天，心里有底的刘邦便只带着一百多号人马来到项羽军营之中。他放低了姿态，反复向项羽解释，自己并没有称霸关中的野心，还提出要将已经获得的城池、财物和秦朝宗室等都交给项羽处置。加上之前项伯也帮刘邦说了不少好话，所以项羽决定暂且放刘邦一马。

项羽的心腹谋士范增早就知道刘邦不是池中之物，认为他将来会成为项羽的心腹大患，于是在宴会上频频举起身上所佩戴的玉玦（jué，指合在一起的两块玉），示意项羽早下决断。然而这时候的项羽觉得刘邦对自己没有什么威胁，又不愿担上"不义"的名声，所以对范增的暗示无动于衷。

范增只好让将领项庄在酒宴中向刘邦敬酒，然后舞剑助

◀ 刘邦命人修筑栈道，暗度陈仓。

27

兴，伺机刺杀刘邦。项庄的剑凌厉又凶狠，几次险些刺中刘邦。"身在楚营，心系刘邦"的项伯看到这一幕，立刻站了起来，明面上是与项庄一起舞剑，暗中则是在保护刘邦，阻止项庄的刺杀。

正紧张时，刘邦手下的勇将樊哙用盾牌顶开了宴会门口的守卫，冲入了会场。大家都说项羽发怒时，连地球也要抖三抖，没有人不害怕的。可在项羽面前，这个樊哙更有气势。他大块吃肉、大口喝酒，看似凶神恶煞、五大三粗，但句句条理清晰，说项羽听信了小人，居然要跟刘邦绝交，这不就让天下人误会项羽了吗？

项羽听后，更加犹豫了。

这时，逃过一劫的刘邦借口要上厕所，偷偷从项羽的军营离开了，留下张良向项羽辞行。范增知道刘邦已经逃跑，

非常生气，当场拿剑砍碎了刘邦赠送的玉斗，大骂项羽过于仁慈，叹息着说："恐怕将来夺取天下的，就是这个逃得一命的刘邦了！"

但项羽却不以为然。随着刘邦也向自己表示臣服，自以为已经天下无敌的项羽开始准备以自己的想法治理天下。他首先要做的，就是恢复战国时代的分封制。项羽希望把天下分成多个势力，自己则可以像春秋时代的齐桓公、晋文公那样成为天下霸主。

所以鸿门宴后不久，项羽就邀请当时实力最强的人来到戏亭。他假惺惺地尊奉楚怀王熊心为义帝，然后自立为西楚霸王，以霸主的身份将全国分成十八个王国。

立下大功的刘邦被他发配到了当时十分落后的巴蜀、汉中地区，封号为"汉王"。

为了阻止刘邦重新进军中原，项羽把关中地区一分为三，交给三位秦朝投降的将领统治。但是这三人本来就不得民心，完全不能跟"约法三章"的刘邦抗衡。

所以，刘邦统帅的汉军"明修栈道，暗度陈仓"，一下就攻克了多个战略要地，很快占据了当时最为富饶并且易守难攻的关中地区。

于是，项羽终于要跟刘邦正面对抗了。最后谁会胜利呢？

公元前206年 鸿门宴。项羽自立，称西楚霸王。楚汉战争开始

07

楚汉之争！
最后是谁获得了胜利？

尽管刘邦不如项羽勇悍，但他有着更高超的战略眼光。为了和项羽争天下，他先是派遣韩信到齐国去找反抗势力，项羽的主力立即就被叛乱牵制。同时，刘邦仿效秦国后期的"远交近攻"战略，首先消灭了临近他的几个王，一下成了反项羽势力的重要力量。

此时的项羽如梦初醒，率领主力军队在彭城和刘邦展开了一场决战。刘邦虽然以"为义帝怀王复仇"的名义召集来了五路诸侯，一共五十六万人，却被项羽以三万精锐杀得

大败，连自己的家人都丢了几个。

要是普通人，肯定就放弃了。不过刘邦非常坚忍，并不气馁。他和谋士们一起确立了之后的战争策略。同时，以韩信为首的诸侯联军也趁机在其他地方进攻，再次取得了对战项羽的优势。项羽不得不和刘邦在鸿沟议和，这也是中国象棋上"楚河汉界"的由来。

这个和约并没约束住刘邦的决心，他撕毁了和约，突然对项羽发起袭击。汉军反复袭扰、诱导楚军，最后将项羽的

主力部队包围在垓下这个地方，这就是历史上著名的"十面埋伏"。

面对久攻不下的局面，刘邦在军事进攻的同时，也用心理战术瓦解楚军。他组织大量擅长唱楚地特色歌曲的士兵，彻夜高唱楚歌。这不仅使楚军普通士卒军心动摇，连一向自认天下无敌的项羽也大惊失色，怀疑自己的根据地已经完全被刘邦扫平，疑问脱口而出："难道汉军已经把我们楚国全部占领了吗？为什么敌军中这么多楚国人啊？"

世界 大事记 中国

公元前201年 第二次布匿战争结束，迦太基战败

公元前202年 项羽死于垓下，刘邦称帝，建立汉王朝

▼ 垓下之战，项羽被汉军
围困。

面对这样的情景，项羽不得不和自己的宠姬虞姬，以及伴随他征战多年的宝马乌骓(wūzhuī)诀别，然后带着八百名骑兵突围逃走。

眼看项羽大势已去，刘邦的军队更是紧追不舍。经过激战，项羽和他最后仅存的二十八名部下逃到了乌江。乌江亭长劝项羽赶紧过江，只要活着，以后就还有机会。但项羽却觉得，八千江东子弟追随自己过江，如今他们都死了，自己还怎么好意思面对江东的父老。于是他冲入敌阵，力杀汉军百余人后，自杀了。

楚汉之争从公元前206年持续到公元前202年，最终以楚霸王项羽的败亡而告终。

当初把刘邦封为汉王分到偏远的巴蜀汉中之地时，项羽一定万万没想到，刘邦竟凭借这点资本取得了天下。而由刘邦开创的王朝便以汉为国号，称为汉朝。

西汉

文：郭怡菲，书鱼

绘：蒋讲太空人（时代背景）

　　Ricky（衣食住行，历史事件）

汉族的起源原来在这里！

你一定知道，在中国五十六个民族中，人数最多的就是汉族。但"汉族"这个称呼并非一开始就存在。在中国几千年的历史中，"汉族"与"汉人"的概念随着朝代更迭才逐渐确立了起来。

先秦时期，汉族还自称"夏"或"华夏"，并认为自己的祖先是炎帝和黄帝。到了秦朝，随着政治一统，华夏族统一的国家疆域与民族意识也进一步加深。有一种说法认为，中国的英文"China"一词便是来源于秦朝，因"Chin-"与"秦"发音十分相似。

后来秦朝灭亡，汉王刘邦建立汉朝。从汉初的文景之治到后来的汉武盛世，汉朝时期的中国疆域辽阔，文化发展迅速。百姓生活安定，东西方文化交流加强，儒家还被奉为唯一的正统思想，且两千多年来一直影响着中国人。这样看来，汉族及其文化基础都源于汉朝。现在，你记住汉族的起源了吗？

生活在汉朝

衣

汉朝服饰延续了先秦和秦朝的深衣制式，将上衣下裳连为一体穿在身上。为了显示身份尊贵，大臣和贵族都穿同一种袖口窄紧的袍服。此外，他们还会在袍服内穿上一条丝质的套裤，这就是"纨绔（wánkù）"。在汉朝，深衣有多种样式，最普遍的就是曲裾（qǔjū）深衣。无论男女，身穿曲裾深衣时都会被长长的衣襟包裹全身，衣袖则有宽有窄。襦裙（rúqún）也是汉朝女子常穿的服装。与深衣不同，襦裙分为上衣"襦"和下身的半裙。在衣服的纹样上，汉朝整体风格沉稳大方，卷云、山丘、鸟兽都是常见的纹样。

成语讲堂

纨绔子弟

- - - - - - - - - - - - - - - - - - -

　　在古代，"纨"指的是一种材质细腻的丝织品，而"绔"等同于"裤"。因此，人们常用"纨绔子弟"来指代那些出身贵族，但整天吃喝玩乐、不务正业的子弟。

如果回到汉朝，下面哪个食物是你吃不到的呢？

A.葡萄 B.辣椒 C.黄瓜

食

你知道吗？汉朝虽然在时间上离我们很远，但在饮食文化上却与我们很相似，我们现在吃的很多食物在汉朝时就已经出现了！汉武帝时期，张骞（Zhāng Qiān）被派出使西域，归来后，他带回了许多域外食物。石榴、葡萄、黄瓜、香菜、芹菜等，都是这时候被引进中国的。除了食材品种大大增加外，西汉时还出现了新的饮食器具！西汉江都王刘非就曾经发明了"分隔鼎"，它有点儿像今天的"鸳鸯锅"，可以把不同味道的食物分隔开。

37

住

　　与秦朝阿房宫相似，汉朝的未央宫同样是建立在巨大夯土台上的宫殿建筑群，其中最特别的便是专给后妃居住的椒房殿。椒房殿，顾名思义，就是在刷墙的泥里掺杂了花椒。这不仅是因为花椒能带来辛香和温暖，还因为古人都相信花椒的"多籽"能为皇室带来"多子"的好运。宫墙外，街市上已经出现了木结构的多层楼阁，室内也普遍放置着睡觉用的床榻。但是，汉朝时期还没出现如今常见的桌、椅等家具。

行

　　秦朝的灵渠和郑国渠等著名的水利工程，为秦朝带来了沃野千里，同时也为汉朝的水路交通网奠定了基础。西汉时，汉武帝希望关中地区在稳定产粮的同时，也能照顾到全国的粮食运输。因此，他下令修建工程连通黄河与渭水，在秦朝沟槽的基础上大兴水利，构造了西汉便利的漕运系统。西汉时，内河已与海运相连接，百姓的出行与货物的运输问题可以通过水路解决。而且在这一时期，汉朝的船队已经去过了如今名为新加坡、马来西亚的东南亚国家了！

用

　　在很长一段时间里，西汉的百姓使用的货币都是秦朝遗留下来的半两钱。汉武帝即位后，西汉的国力一天比一天强，日常使用的货币才迎来新的制度。最终，经过汉武帝的多次改革，西汉的官方货币定为了和半两钱外形相近的五铢钱。此外，为了防止私铸钱币，汉武帝收回了民间的铸币权，下令全国统一铸币。

01

刘氏江山的到来

知识充电站

布衣将相

　　布衣原本指的是穿麻布衣服的人，后来被人们用来指代平民。汉朝初期，大多异姓诸侯王都出身平民。他们进入朝堂后，平民出身深深影响了他们在政治上的许多决策，这便形成了汉初的布衣将相之局。

▶ 汉高祖刘邦。

公元前200年 第二次马其顿战争爆发

公元前200年 西汉从洛阳迁都长安　　　　　　　　公元前196年 汉高祖刘邦杀韩信、彭越

在楚汉相争时，刘邦为了击败项羽，先后分封了七名异姓诸侯王，以此来增加自己的实力。战争结束后，刘邦从"汉王"变成"皇帝"，成功建立起汉朝。但这时，整个国家的局面都不稳定，为了平衡各诸侯王和中央间的统治，刘邦决定将先秦的分封制与秦朝的郡县制结合起来，这就是汉朝独特的郡国并行制。

汉朝之初，拥有兵力的异姓诸侯王始终是刘邦的心头大患，楚王韩信便是其中之一。韩信本就军功赫赫，汉朝建立后，刘邦更不敢放下对他的戒心。没过多久，刘邦就发现韩信与项羽的旧部钟离眛来往密切，加上朝中有传言称韩信擅自调军、准备谋反，刘邦便借着这个由头，在公元前201年将韩信降为了淮阴侯。

又过了五年，即公元前196年，有人密告说韩信要袭

成语讲堂

成也萧何，败也萧何

"萧何"是一个人名，他与韩信、张良并称为汉初三杰。当刘邦还在跟项羽打仗时，萧何曾强力推荐韩信给刘邦，使韩信成为一代名将。但后来，与吕后一起设计除掉韩信的同样是萧何。因此，后人常用"成也萧何，败也萧何"来比喻一件事的成与败都是由同一个人造成的。

鸟尽弓藏

打完鸟之后就把弓箭藏起来，比喻一件事情成功后，当事人就把出过力的人弃在一旁。

韩信在被处死前，曾发出"狡兔死，走狗烹；飞鸟尽，良弓藏；敌国破，谋臣亡"的慨叹。因此，"鸟尽弓藏"通常与"兔死狗烹"连用。

刘姓诸侯王

异姓诸侯王

41

◀ 楚汉相争时，刘邦封了七位异姓诸侯王，他登基后，又清除了他们，改设刘姓（同姓）诸侯王。

击吕后和太子，吕后就设计把这位建国将军在长乐宫处决了，而其他异姓诸侯王也是这样一个个被削除。到最后，诸侯王全是刘邦封的自家亲属。为了保住自己的"刘氏江山"，刘邦还召集各诸侯王相聚一起，杀马取血，定下了"非刘氏而王，天下共击之"的白马之盟。

而刘邦在位期间，他听取身边谋臣的意见，对天下采取"无为而治"的黄老政治。那么，汉初的"黄老政治"到底是什么样的呢？

事实上，"黄老"是黄帝学派和老子学派的合称，成型于战国时期。作为道家的重要分支，黄老之学常常带有明确的目的。例如，汉初"与民休息"的黄老政治是为了能让百姓们安心生活，百姓们不仅不用缴纳高额的赋税，还有充足的时间去耕种。在这样的氛围下，整个国家逐渐从战乱中恢复了安定。

孺子可教

张良作为汉初三杰以及汉朝的开国元勋之一，是"布衣将相"中不多见的六国旧贵族子弟。汉朝建立后，张良被刘邦封为留侯，司马迁在《史记》中也记录了一个关于张良的有趣的小故事。

有一天，张良正在桥上散步，一位老人走到他面前，突然将自己的鞋扔到桥下，并且叫张良去捡。张良没说什么，不仅将鞋捡了回来，还亲自给老人穿上。老人穿好鞋就笑着离开了，张良感到十分困惑，不知道这老人想干什么。没过多久，老人又走了回来，对张良说："年轻人，你值得我的指教。"最后，这位老人送了一本《太公兵法》给张良，让他日日研读。后来，张良成了刘邦的重要谋臣。

◀ 张良给老者捡鞋。

02

中国历史上
太后专政的第一人！

▲ 吕雉代替幼帝与大臣们
讨论国家大事。

世界 ·———————————————————————————————————————

大事记 公元前192年 塞琉古帝国与罗马共和国爆发叙利亚战争

中国 · ●———————————————————————○—————————

公元前195年 刘邦去世，刘盈即位

知识充电站

元宵节

元宵节是中国的传统节日，也称上元节。在今天，人们常在元宵节这天吃元宵、放天灯、猜灯谜。但你知道元宵节的前身是什么吗？

古代中国是典型的农业社会。每当孟春之月（农历正月）来临，一年的耕作便随之开始。过去的科技没那么发达，人们的知识还不像现在这么丰富，为了实现愿望，上古先民们常会举行祭祀活动，祈求神明保佑。元宵节的前身便是祈求丰收的农业祭祀活动。后来，道教的兴起又把上古农业祭祀活动慢慢演变为"上元节"。接着，人们开始为这个节日附加了各种各样的习俗，它逐渐演变为今天的元宵节。

随汉高祖刘邦一起征战四方的，除了各诸侯王，还有一位不得不提的重要人物，就是刘邦的妻子吕雉（Lǚ Zhì）。

吕雉在刘邦称帝后自然而然成了皇后。公元前195年，刘邦病重，性格刚毅的吕雉为了维护汉朝的稳定，便到刘邦榻前询问以后朝廷的职位安排。有意思的是，刘邦在接连说了几个朝臣后就不说了。吕雉接着问，刘邦便对她说："这再往后的事情，你应该也看不到啦。"

刘邦说完这番话后不久便去世了，继承皇位的是太子刘盈，即汉惠帝。汉惠帝刘盈也是中国历史上第一位由皇帝所立的"皇太子"！

但作为刘邦与吕雉的儿子，刘盈的性格完全不像他的父母。面对曾经想与自己争夺太子之位的赵王刘如意，刘盈一点也不记恨。因此，在吕雉眼里，这个皇帝儿子不仅性格不够果决，还没有危机意识。不久，吕雉便找机会毒杀了刘如意，并残忍地将他的母妃戚夫人做成人彘（rénzhì）扔在了茅厕之中。

刘盈看到自己母后的所作所为后，从此一蹶不振，整日沉迷饮酒，再也不管朝政。

公元前188年，汉惠帝刘盈还没能走出吕后的阴影，便重病去世。随后，吕雉便相继立了两位少帝。"少帝"这个称呼，其实常被后人用来形容那些被废掉的年幼皇帝。总之，刘邦去世之后，吕雉就坐在"傀儡皇帝"的身边管理国事，成为中国历史上第一位掌权的太后！

在吕雉掌权期间，除了延

世界

大事记

中国

公元前188年 吕太后临朝称制，掌握政治实权　　公元前180年 吕太后去世，汉文帝刘恒即位

▲ 元宵节在中国的历史非
　常悠久。

续"黄老政治"，也下令废除
秦始皇颁布的挟书令。过去的
典籍被一点一点恢复，民间的
百姓再也不用为私藏书籍而提
心吊胆。受到秦始皇压抑的思
想与文化在这一时期终于得到
了解放。

　　这样看来，吕雉对汉朝初
期的发展是功不可没（mò）
的。西汉著名史学家司马迁曾

在《史记·吕太后本纪》中用
"天下晏然"来形容吕雉执政
期间的汉朝社会。由此可以看
出，太平安定的汉朝江山，的
确离不开吕雉的一番作为。

　　然而，权力的纷争并不会
因为天下晏然就停止。吕雉在
以"太后"之名执政期间，不
仅剥夺了许多元老重臣的权
力，还加封了多个吕氏王，这

直接引起了刘氏一族的强烈不
满。公元前180年，六十一岁
的吕雉病重逝世，刘氏宗族立
马与吕氏一族展开了权力的争
夺。最后，刘氏宗族将吕氏一
族全族诛灭，并迎立刘邦第四
子刘恒为帝，这就是汉文帝
了。

45

03

他们创造了
中国第一个治世！

你知道什么叫作
"治世"吗？

▼ 汉文帝、汉景帝与
窦太后。

世界 大事记 中国

公元前167年 罗马共和国占领伊庇鲁斯，俘虏居民十五万人

公元前174年 匈奴冒顿单于去世，老上单于即位　　公元前167年 西汉废止肉刑，免除田租

简单地说，"治世"就是"乱世"的反义词。在治世之下，没有严苛的赋税与刑罚，百姓们每天都过着安定太平的生活，这就是汉文帝刘恒即位后汉朝社会的情形了。

公元前157年，汉文帝刘恒在长安未央宫去世，但汉朝和平昌盛的局面并没有因此停止。继承刘恒治国之风的，是他的大儿子汉景帝刘启。但刘启在还是太子时，因为年轻气盛，用棋盘砸死了当时吴国的世子刘贤。吴王刘濞（Liú Bì）因此失去了自己的儿子，非常难受，他从此对刘启心存芥蒂，常常称病不入朝，也因此为"七国之乱"埋下了伏笔。

刘启即位后不久，大臣晁错（Cháo Cuò）开始在一旁劝他赶紧收回宗族王国的封地。刘启为了加强中央集权，便采纳了晁错的建议，这让早已壮大的刘氏宗族十分不满。最终，吴王刘濞联合其他主要六个刘姓诸侯王，打着"清君侧"的旗号，在公元前154年发动叛变，史称"七国之乱"。不过这场由吴、楚两国为主力军的叛变最终不到三个月就被朝廷平息了。这七国中，有的被消灭，有的被改封，同姓诸侯王的势力自此被大大削弱，无力再与中央抗衡了。

汉文帝刘恒与汉景帝刘启开创的"治世"延续了三十九年，后世将这段时间称为"文景之治"。而在文景之治中发挥了重要作用的，除了两位皇帝，还有一位女性角色，那就是刘恒的皇后、刘启的生母窦氏。窦氏尊崇道家，在成为皇太后之后，她不仅要求刘启学习黄老学说，还阻止朝廷重用儒家学者，这使汉朝初期的社会一直处于"无为而治"的道家氛围中。

公元前141年，四十七岁的汉景帝刘启逝世，即位的是皇太子刘彻，也就是后来的汉武帝。而刘彻的登基，为汉朝的全新时代拉开了序幕。

知识充电站

汉朝文治之路的开端

你知道什么是文治吗？不以绝对武力，而以文教礼乐治理国家和百姓，就是文治。在汉朝提出文治思想的，是出生在洛阳的一位少年，名叫贾谊。贾谊从小饱读诗书，到了汉文帝时期，贾谊入朝成了最年轻的博士。那时候，博士是专门授予精通某一学问的学者的官名。年轻的贾谊入宫后，向刘恒提出了许多儒家思想以礼治国的政见，并且还结合儒学，设计了一套有别于前朝的礼仪制度。尽管贾谊最后没能得到重用，但他的许多政见都得到了汉文帝刘恒的重视。

如果你继续读下去，或许还能从更多地方看到贾谊对汉朝的影响呢！

47

⊖4

来了！
长达半个多世纪的
汉武盛世

▲ 刘彻与董仲舒探讨着儒
家思想。

"翻身上位"的儒家思想

从公元前141年登基，到公元前87年逝世，汉武帝刘彻在位时间长达五十四年。在这半个多世纪里，他通过一系列政策使汉朝的权力高度集中在中央朝廷手中。而这其中非常关键的一步，就是改变汉朝的统治思想。

刘彻选择的是儒家思想。他小时候，汉朝盛行黄老学说，但他有很多老师都是儒生，这使他本人一直深受儒家思想的影响。因此，刘彻登基后不久，便采纳了儒生董仲舒的建议，开始"罢黜（chù）百家"，意思就是不再使用其他学说，只采用儒家的思想。从此，儒学逐渐替代了黄老学说，成为在汉朝思想领域中属于统治地位的学说。

这之后，刘彻在一干重臣的辅佐下，通过一系列的措施在汉朝社会进一步推崇儒学。而执行这一任务的就是新置的五经博士与太学。刘彻执政时期，五经包括的是《诗经》《尚

49

知识充电站

年号

你知道吗？汉武帝刘彻还是中国历史上第一个使用"年号"的皇帝。在这之前，中国皇帝都只用年数来命名年份，刘彻执政期间，他开始用不同的年号来纪年。历史上第一个年号"建元"始于刘彻登上皇位后的第二年（公元前140年），总共有六年时间。

书》《春秋》《易经》《礼记》，五经博士的工作内容就是负责传授儒学。而太学作为官方的学校，就要培养更多儒家学者，也就是更多的五经博士。

为什么选择儒家？

那么在"诸子百家"众多学说中，汉武帝为什么偏偏中意儒家呢？

这是因为董仲舒向汉武帝提出了一个叫"三纲五常"的说法。"三纲"分别是君为臣纲、父为子纲、夫为妻纲。本

来三纲在先秦时期就已经存在，但董仲舒巧妙地将三纲放进了天人关系的世界。这样一来，人们都被框在了这"三纲"里，不能随便逆天而行。而"五常"代表的则是五条做人的基本原则，分别是仁、义、礼、智、信，也就是仁爱、正义、礼节、智慧、诚信。

在董仲舒的解释下，三纲五常是每一个"正常人"都需要恪守的做人之道。用这套天人伦理标准约束国民的思想，十分利于统治者集中权力控制国家。它就像董仲舒递给刘彻的一把钥匙，让刘彻就此打开了通往超级帝国的大门。

黄老学说曾为百姓们带来好日子，儒家学说也推动汉王朝迎来空前盛世。但如果采用了其他学说，那我们的历史又会发生怎样的改变呢？

文学的大发展

汉朝的政治、经济、文化都发展迅速，并且给后世带来了深远的影响。例如"赋"就在这个时期得到了很大的发展。"赋"是汉朝最流行的文

学体裁，兴起于文景之治下的太平社会，继承了先秦时期《楚辞》的文学形式，既像诗歌，也像散文。汉赋包括大赋与小赋，大赋大多用华丽的辞藻长篇幅地描写汉朝宫廷生活，小赋则是用较短的篇幅抒发个人情感。

汉武帝登基后，汉赋已经脱离了《楚辞》的风格，逐渐建立起纯散文的形式，写有《子虚赋》的司马相如，以及写有《洞箫赋》的王褒都是当时著名的大辞赋家。汉朝之后，赋在中国古代文学中依旧盛行。魏晋南北朝时期的骈（pián）赋、唐宋时期的律赋都可以看作是对汉赋的继承与演变。

除此之外，还有一种汉朝文学体裁不得不提，那就是深受《诗经》影响的乐府诗。秦汉时期，乐府是专门管理音乐的官署。刘彻登上皇位后，更是扩大了乐府署的规模，让官员大量采集民间诗歌，并在乐府署集中整理。这些口语化的诗歌内容大多来自普通百姓的生活，有的控诉边疆战争，有

▼ 汉朝的思想、文化、经
  济、政治都掌握在刘彻
  手里。

的描写爱情生活，内容十分丰富。这和今天的民谣是不是很像？

汉乐府诗的诗句并没有固定的形式要求，有长有短，其中数量最多的是五言句式。在古代，乐府诗都是用来合乐的诗，但到了现代社会，乐府诗的曲谱已经失传，人们只能从流传下来的歌词中想象汉朝的乐府盛世了。

你知道汉朝通行的钱币叫什么吗？

建造大帝国的钱从哪儿来？

当然，汉武盛世并不只体现在繁荣的思想文化上。一个国家的发展离不开强大的经济与政治力量。

秦朝和西汉初期使用半两钱，而且允许民间自行铸造钱币。这样一来，就有人抓住空子，胡乱造钱。为了建造一个井井有条的大帝国，汉武帝进行了六次币制改革，最终决定在全国通行轻重最合适的五铢钱，并且禁止私人铸币。

此外，刘彻还将从前一直被私人运营的盐和铁收归国有。虽然许多官员和百姓都抱怨这项政策剥夺了百姓们的利益，但刘彻依旧坚持这一决定。现在回过头去看，盐铁官营确实为当时的朝廷带来了大量收入，并抑制了商人的势力。

全新的官僚系统

在很长一段时间里，丞相都是秦汉中央朝廷的权力中心。除了皇帝，唯一掌握实权的官员就是丞相。如果丞相生病无法上朝，皇帝都需要去丞相府上看望。由此可见，丞相几乎快和皇帝平起平坐了。所以，刘彻登基后不久便开始着手建立一套新的官僚系统，以此来削弱丞相的影响力，这就是"中外朝制度"。

简单地说，中外朝就是中朝与外朝的合称，中朝由大将军、尚书等官员组成，是提供决策的机关；外朝则是负责执行皇帝与中朝决策的机关，主要的官员是曾经位高权重的丞相。与外朝相比，中朝的官员通常都是皇帝的心腹，从这可以看出，汉朝的思想、经济、政治在这一时期都高度集中在了中央，也就是汉武帝刘彻一人手中。这样一来，掌权之人是否公正英明，将影响到千千万万人的日常生活。

知识充电站

《周髀算经》

《周髀（bì）算经》简称《周髀》，是中国古代一本研究天文数学的专业书籍，同时也是中国流传至今最早的一本数学著作，被历朝历代奉为经典。在《周髀算经》的记载中，除了有日月星辰的运行规律，还包括汉代的主要数学成就。其中，代表着"勾三股四弦五"的勾股定理就在这本书中第一次出现，这也是世界上有关勾股定理的最早记录！

○5

胜？负？
汉朝与周边民族的
回合战！

你知道什么是外臣，
什么是内臣吗？

与南越的分分合合

　　汉王朝是一个中原国家，东边有卫氏朝鲜，西边有西域各国，北边有匈奴部落，南边还有西南各族和岭南的越人。秦朝时虽然发生过百越之战，不过秦末动乱时，汉人赵佗便在广州建立起了南越国。

　　南越和西汉的关系也是分分合合。汉高祖刘邦本来把赵佗封为南越王，使南越成为西汉的外臣——南越承认西汉是自己的老大哥，不过南越的领土并不属于西汉，并且南越人仍然可以自己管理国家。如果成了内臣，西汉皇帝就可以直接管理南越了。后来南越王不想当外臣，又自己独立出来，还把疆土拓展到了越南，所以越南的历史书里也把这段时间算在了自己的国家历史中。

　　汉武帝时，为了让南越彻底成为西汉的领土，汉武帝派兵攻占，终于在公元前111年，

在南越国旧地（今广州一带）等地设立了九个郡。

征服匈奴的汉武帝

　　和过去一样，北方的匈奴同样困扰着西汉朝廷。作为一个奴隶制社会，匈奴的贵族奴隶主们有着极强的掠夺野心，常常侵扰生活在边境附近的西汉百姓。

　　然而，西汉刚建立时，根本没有能力对匈奴发动战争，只能实行"和亲"政策。不过，嫁公主，送东西，是因为汉朝与匈奴约定在长城两边各

53

世界
大事记
中国

公元前121年 将军霍去病打败匈奴，匈奴浑邪王降汉　　　公元前119年 张骞第二次出使西域

自生活，互不侵犯。然而双方虽签订和约，但自汉高祖至汉武帝期间，匈奴多次进犯汉朝边境。双方的关系非常不稳定。

到了汉武帝时期，汉朝不仅已从秦朝末年的战乱中恢复了过来，还达到发展的顶峰，政治、经济、军事、文化各项实力都很强。汉武帝刘彻决定不再一味地妥协，命令反击匈奴！数十年时间里，卫青、霍去病等一众名将奔赴战场，在他们的前后征战下，匈奴的实力被大大削弱，再也不能跟西汉对抗了。边疆百姓这才终于过上了安定的生活。而平定匈奴，也使得"丝绸之路"得以开辟。

卫氏朝鲜的起落

除了西域以外，汉朝的目光还瞄向了东北的小国朝鲜。在西汉早期，一个叫卢绾（Lú Wǎn）的人发动叛乱，他的部将卫满逃到了朝鲜，自立为王，把都城建在一个叫王险城的地方，这就是"卫氏朝鲜"。

汉武帝时，卫右渠成为朝鲜国王，他的立场是倾向于匈奴的。为了避免与匈奴决战时被朝鲜偷袭，公元前109年，汉武帝先下手为强，派遣东征军进攻朝鲜。汉军从齐地（今山东半岛）横渡渤海，直捣王险城。这一战役开创了中国武装舰队远航的先河。

大军开拔后的第二年夏天，汉军占领了王险城，卫氏

成语讲堂

夜郎自大

汉武帝为寻找通往身毒（今印度）的通道，同时也为了能控制西汉西南部，多次派使者出使这个地区，其中就包括汉朝的大文豪司马相如。有一次，使者们到当地小国夜郎（今贵州一带）时，夜郎国君问汉朝使者："我们夜郎国和汉朝比，哪个更大？"这位没见识的国君也就成了当时的笑柄。现在我们常用这个成语比喻人们骄傲无知、肤浅的自大行为。

公元前111年 罗马共和国与努米底亚王国爆发朱古达战争

公元前118年 西汉停止使用半两钱，发行五铢钱

公元前109年 西汉进攻西南夷，滇国臣服

▶ 出征的汉朝军队。

55

成语讲堂

强弩之末

弩是古代用来射箭的冷兵器。"强弩之末"指强弩所发出的箭到达了射程的末端。比喻强大的力量开始衰弱。

有一次，匈奴到长安城请求汉武帝刘彻和亲，刘彻身边一位大臣说："每次汉匈和亲，匈奴没过几年就会背弃盟约，不如这次就直接派兵攻打。"另一位叫作韩安国的大臣连忙劝阻道："就算是再强大的弩发出的箭，到了射程末端力量也会衰弱。匈奴与我们相隔遥远，此时发兵实在不利。"最后，刘彻采纳了韩安国的意见，同意先与匈奴和亲，但同时也在为日后积攒兵力。

朝鲜至此灭亡。西汉在这片土地上设了四个郡，那时东至日本海、南抵今天的首尔以北，都是西汉的领土。

不屈服的苏武

战争对国家的消耗是巨大的。西汉先前虽然打赢了匈奴，但是也死伤多人，可以说是惨胜。公元前100年，匈奴的新单于有意要放回以前扣押的汉朝使者，希望双方能友好相处。汉武帝也派出一个名叫苏武的官员，让他带领着百余人的使团和大量财物前往匈奴，想促成和平。

但到达匈奴之后，汉朝的使团却因为被卷入了匈奴的叛乱而受到牵连。匈奴单于扣押了苏武，并多次劝他投降匈奴，可苏武宁愿自杀也不愿意做背信弃义的人。单于见苏武态度坚决，也不想再多说什么，他下令把苏武放逐到北海

（今俄罗斯贝加尔湖），命他放一群公羊，并告诉他，只有公羊生小羊后他才可以回家。

北海的日子可不好过，又冷又饿，有骨气的苏武被匈奴扣留在这地方整整十九年。出使匈奴时，苏武带着代表汉朝使者身份的汉节，虽然汉节上面挂着的旄牛尾装饰物都已掉光，但他依然像十九年前那样，拿着节杖不愿妥协。

就这么等啊等，一直等到汉昭帝即位。此时汉朝实力已经今非昔比，匈奴再也无力与汉朝叫板，苏武才终于被放了回来。

公元前81年，苏武回到长安，受到长安官员百姓称赞欢迎。此时的他已经不再是当年的小伙子，而是两鬓斑白的老人了。

▲ 苏武牧羊。

羁縻政策

你是不是也很好奇，除了打仗之外，我们与其他的民族有别的相处方式吗？其实是有的，羁縻（jīmí）政策就是其中一种和平的方式。

如果要骑马，就需要给马套上缰绳，就像开车需要方向盘一样。羁的本义，指的就是控制牛或者马的缰绳；縻的本义就是笼络。所以羁縻政策也可以引申理解为中原王朝笼络控制其他民族的办法。常见的羁縻政策有"册封""和亲"等。如果匈奴愿意和汉朝讲和，对汉朝称臣，那么匈奴和汉朝就从敌人变成了君臣，汉朝的皇帝可以任命匈奴的领导人，这就是"册封"；除此之外，汉朝也会派出有身份的女子嫁给匈奴首领或送给匈奴礼物，这就是"和亲"。

06

来，一起到丝绸之路看看

世界 大事记 中国

公元前82年 古罗马苏拉建立
独裁政权

公元前91年 巫蛊之祸，太子刘据
被杀。司马迁撰成《史记》

公元前87年 汉武帝去世，汉
昭帝刘弗陵即位

▼ 张骞出使西域。

西汉时还没有"丝绸之路"这个名字，那么你知道丝绸之路的说法是从什么时候开始的吗？

丝绸之路的开辟与西汉对匈奴的作战有关。

公元前119年，西汉想联合西域各国一起来对付匈奴。这就急需一个熟悉西域又忠诚可靠的使者去和他们商量结盟，而张骞因为出使西域曾被匈奴扣押两次，在西域待过多年，于是成了此行最合适的人选。

可惜，张骞到达乌孙的时候，这个国家正在内乱，根本顾不上去对抗匈奴。于是张骞又派遣他的副使们去了中亚的大宛、康居、大月氏、大夏等国。最终他们在西域站稳了脚跟，为后来西汉的胜利提供了助力。

西域这片区域，后来成为了连接汉朝与中亚、欧洲的通路。19世纪70年代，德国的地理学家李希霍芬给它起名叫"丝绸之路"，因为它最初是用来运输中国特产——丝绸的。"丝绸之路"可不是某一条公路，它是一个道路网络，每年都有大大小小的商队踏上丝绸之路，他们带着东西方的物产，到遥远的国家去做生意、交流文化。这条陆上丝绸之路从长安开始，经过河西走廊和安息（今伊朗高原和两河流域），再到西亚和欧洲的大秦（古罗马）。

丝绸之路为中国带来了西域的核桃、葡萄、石榴、蚕豆等十几种植物，还有龟兹的乐曲和胡琴等乐器；中国的大量丝绸、漆器以及冶铁、水利技术，也通过丝绸之路传到了中亚地区，至今在阿富汗等地还能挖掘到当年的漆器。

丝绸之路也是"化干戈为玉帛"的典范，这个典故出自西汉淮南王刘安编著的《淮南子》，大意是曾经互相敌对的各个民族，纷纷将兵器换成了象征和平的玉和丝织品，这种现象体现了当时人们希望以和平交流替代军事战争的愿望。

公元前73年 罗马共和国爆发斯巴达克斯奴隶大起义

公元前81年 汉昭帝召开盐铁会议　　公元前74年 汉宣帝刘询即位

公元前66年 汉宣帝平定霍家谋反

07

差点翻车的
汉武帝王朝

汉武帝为什么要
写检讨呢？

▲ 汉武帝发布"轮台
罪己诏"。

被冤枉的太子

汉武帝刘彻晚年身体不好，当时迷信的人认为他受到了巫术诅咒。传说中，巫蛊是害人的东西，可后宫的美人们为了争宠，把希望寄托在这些邪术上面。病中的刘彻对此忍无可忍，便让自己的亲信江充去调查这件事。

公元前91年，江充因为和太子刘据不和，所以借此诬陷太子谋反。太子被这么陷害，连伸冤的地方都没有，他又害怕又着急，不得不起兵自保。汉武帝知道后，非常生气，认为这是太子心虚，要出兵镇压叛乱。在这次大乱中，皇后卫子夫、太子刘据都相继自杀了。这就是历史上著名的巫蛊之祸。因为皇帝一人的疑心，而牵连了十多万人，连当时的丞相公孙贺父子也因此丧命。人心惶惶下，大家都不太信任汉武帝了。

第一份由皇帝写的检讨

巫蛊之祸中，刘彻不仅痛失了自己培养多年、已经很有威望的太子，也失了民心。这时，战败的将军李广利投降匈奴，更给汉武帝带来了重击！多年征战的恶果这时候也显现出来，多达百万的底层百姓沦为流民，他们纷纷跑到函谷关下，请求进入关中生活。

汉武帝发出的远征指令，让许多士兵与百姓付出了生命的代价。刘彻也不得不反思自己。

公元前89年，为了平息反对的声音，刘彻下了一道"轮台罪己诏"，向大家道歉。皇帝给百姓们写检讨，这还是历史上第一次。

除了反省过失，这份罪己诏还宣告了国策的改变。西汉再次遵循了文景时代的"黄老"治国思想，让百姓休养生息，以缓和社会矛盾。就这样，西汉度过了一次巨大的危机，这也为后来的盛世奠定了基础。

最厉害的历史书

尽管刘彻手握皇权，但还是有很多人跟他唱反调，著名史学家司马迁就是其中的一位。

汉武帝创造了一个超级盛世，所以非常需要一部宏大的史书来记载这个壮举。出生在史官家族的司马迁早早意识到这是自己的职责，所以在公元前104年就开始创作《史记》。但没过几年，他的好朋友李陵战败，被匈奴俘虏。因为帮李陵辩护，司马迁惹怒了汉武帝，被处以宫刑。

虽然备受屈辱，但撰写史书的使命让司马迁很快振作了起来。出狱后，他潜心撰写，前后经历了十三年，终于完成中国第一部纪传体通史《史记》。

《史记》被列为"二十四史"之首，记载了从黄帝时代到汉武帝太初四年（公元前104）共三千多年的历史。或许是出于一名公正史官的职业道德，又或许是过去的经历让他能更冷静地看待当时的情

61

▲ 西汉百姓们在街上
欢欣鼓舞。

况，司马迁的《史记》还是比较客观的。书中有不少讽刺汉武帝的内容，所以司马迁在活着时都没敢公开发表。直到汉宣帝继位以后，司马迁的外孙杨恽才把它公之于众。

《史记》对后世文学的发展产生了深远影响，被鲁迅誉为"史家之绝唱，无韵之离骚"。在他看来，历史上那么多史书，没有能胜过《史记》的了。

关于国家政策的大辩论！

汉武帝去世后，年仅七岁

的汉昭帝刘弗陵继位。因为皇帝还小，朝政掌握在霍去病的弟弟霍光，以及桑弘羊、金日磾（Jīn Mìdī）、上官桀等顾命大臣手中。

霍光组织召开了一场著名的"盐铁会议"。名义上是讨论"盐""铁"的经营，实际却是让大臣们对汉武帝时期各项政策进行评价和修正。

霍光与桑弘羊分别代表了两种不同的意见。总的来说，霍光代表来自郡国基层的儒生，支持汉武帝"轮台罪己诏"中的观点，他们看到了过去政策带来的不幸，希望能够改革；桑弘羊则更支持汉武帝的旧政。这是一次为了治理乱世而召开的大会，大家都积极踊跃地参与进来，自由地为国家的政策方向进行辩论。

双方都有自己的道理，但最后还是霍光一方获得了总体胜利。大会结束后，汉政府取消了酒类专卖和部分地区的铁器专卖，允许民间私人经营，不过，盐政专卖制度一直持续了下来。

但很快，因为治国理念不一致，这些大臣开始了一场政治斗争。桑弘羊的政变计划由于提前败露，结果大败。从此霍光得到了皇帝的全面信任，彻底掌握了大权。汉昭帝去世后，霍光等大臣先是拥立昌邑王刘贺（海昏侯）为帝，之后又拥护汉武帝的曾孙刘询为皇帝，这就是后来的汉宣帝。

汉宣帝带来的好时代

汉宣帝刘询，原名刘病已，是卫太子刘据的后人。还记得前面讲过的巫蛊之祸吗？太子刘据的孙子刘询那时还是小婴儿，因为被带出宫去而幸运地逃过了一劫。刘询从小生活在宫外，在民间长大，所以对百姓疾苦有一定了解。登基后，他开始大刀阔斧改革，希望能让百姓们过上更好的生活。

他首先改进了官员的选拔考核制度，严惩腐败，奖励自律的官员。然后败匈奴，破

西羌，彻底稳定了西汉在西域的统治，并设立了西域都护府，西域也是在这时候正式被纳入中国版图的。此外，刘询再次下诏降低盐的价格，大大减轻了百姓负担；又设立常平仓，保证了粮价的稳定。

百姓的日子总算又好起来，这个治世便被称为"孝宣之治"。

知识充电站

麒麟阁的至高荣耀

刘询是一个非常会任用贤才的皇帝。破除匈奴威胁后，刘询十分感慨，他知道这样的成就离不开得力大臣们的贡献，于是命人为十一名功臣绘像，把他们的画像放在麒麟阁，作为表彰。在这里面，当然少不了霍光。

霍光本人忠于汉室，但是他的家人常利用他的名义做坏事。比如，他的妻子就买通御医毒死了许皇后，企图立自己女儿为后，还多次试图对刘询下手，这让刘询对霍家彻底失去了好感。谋反不成的霍家最后被满门抄斩，再也不能左右政事。但因为霍光本人确实很有功劳，所以在麒麟阁十一名

功臣里，刘询还是把他排在了第一。

西域都护
是干什么的？

我们知道，汉宣帝在西域设立了西域都护府，而西域都护就是西域的最高长官。那么为什么需要一位西域都护呢？

原来，西域并不是某一个国家。在黄沙漫天的西域，分散有很多绿洲城市，据说当时的西域有三十六个国家（后分成了五十国），总之是一个遍地小国的地方。为了管理它们，同时也防止它们联合起来对付西汉，就需要一个官员去那里管理这些小国家，定期向皇帝汇报西域的情况。

08

从这些作品里，
一览西汉人的生活百态！

最早的饮茶记录

王褒创作的《僮约》，全文以方言写成，看起来是一篇文绉绉的劳动合同，不厌其烦地列举了对奴仆的各种苛刻规定和约束：从早到晚都得干活，简直就是当牛做马。不过这份合同其实并不是真的，而是王褒写来戏谑和调侃朋友家仆人的。

《僮约》虽然是写着玩儿的，但在历史学家们眼里，它却有很高的史料价值。因为其中写到了很多关于当时人们日常生活的句子，比如说有这么两句话："脍（kuài）鱼炮鳖（biē），烹茶尽具""牵犬贩鹅，武阳买茶"，历史学家从中发现，早在西汉时，我们中国人就懂得怎么喝茶了。

此外，它还记录了作者在四川时的亲身经历，描写了当时四川真实的底层生活现实，也可以看作是西汉底层社会的一个缩影。

超级奇书《山海经》

《山海经》可以说是想象力超凡的一本奇书！现代研究者一般认为它不是在同一个时间段里完成的，作者很有可能不止一人，它的创作时间甚至可能从战国初年跨越到了西汉初年。目前，《山海经》最早的版本是由西汉刘向、刘歆（Liú Xīn）父子编校而成的。

65

▲ 从汉朝的画像砖上可以看到当时的社会情况。

《山海经》主要记述了古代地理、物产、巫术、宗教、医药、民俗、民族等方面的内容。虽然其中内容多被人认为是想象出来的，但也蕴含着珍贵的参考价值。我们熟知的夸父逐日、精卫填海、羿射九日、鲧禹治水、共工怒触不周山等神话都出自这本书，这些内容对今天我们研究上古宗教、文化、历史都有参考价值。里面还记录了许多神奇的动植物，能让人了解到上古时代的自然风貌。

《山海经》还对我国文学发展有着巨大的影响。不少学者认为，庄子的思想就受到《山海经》的启发。此外，屈原的《天问》《招魂》《九歌》《离骚》也化用了许多《山海经》中的神话故事。不

66

世界 大事记 中国

公元前37年 高句丽建立

公元前27年 屋大维成为"奥古斯都"，罗马帝国建立

公元前33年 汉元帝去世，汉成帝刘骜（Liú Ào）即位。王昭君远嫁呼韩邪单于　公元前29年 黄河金堤决口

过，在历史学家司马迁看来，里面的内容太过荒诞，难以考证，不太可信。

记录历史的画像砖

　　绘有人物画像的彩砖艺术始于战国，盛于汉。这种画像砖主要装饰在建筑物上，是一种融合了模制、模印、雕刻和彩绘等技法的古代艺术品。它的题材十分广泛，有的反映了当时的农业、手工业和商业的情况，有的刻画了当时市集、杂技、讲学授经、尊贤养老等风俗人情，还有的表现宴会娱乐与神话传说，通过画像砖我们还能看出建筑物主人的身份和经历。

　　这些内容丰富的画像砖是研究两汉时期民风、民俗的宝贵实物资料。下次有机会去博物馆的话，一定要去看看！

67

09
开始走下坡路的西汉

▶ 昭君出塞。

被瓜分的权力

汉宣帝刘询的继承者是汉元帝刘奭。他从小就受到儒家教育的影响，虽然当太子时被刘询狠狠斥责过，告诫他不要相信那些庸俗的儒生。但刘奭表面上满口答应，实际还是我行我素。刘询后来还叹息说，刘奭继位以后一定会祸乱"汉家"的。还真不幸被他说中了，西汉的衰落就是从汉元帝时开始的。

刘奭很喜欢任用宦官，他认为宦官没有家室，这样就不会因为亲戚抱团勾结而形成自己的势力。但事实恰恰相反，他最喜欢的宦官石显不仅与其他宦官狼狈为奸，而且还大胆地联合朝廷里的大臣，试图掌握朝政大权。虽然汉成帝刘骜继位后，石显就被罢黜了，死在了回乡路上，但祸害早就已经形成，即使石显死了，也没法挽救了。

汉元帝的皇后王政君从皇后做到皇太后、太皇太后，在位长达六十二年，这几十年里，她重用自己的亲戚，稳固自己的势力，在朝廷上形成了一个超级强大的外戚集团。后来灭亡西汉的王莽就是王政君的侄子。

▲ 纵情声色的汉成帝。

王昭君和亲

公元前54年，匈奴呼韩邪单于被他哥哥郅支单于打败，他带着部落南迁到长城外距离西汉领土很近的地方。为了求得西汉的庇护，他还曾三次到长安，并向汉元帝请求通婚。像这样，通过跟其他民族通婚表示友好、实现和平的办法，是和亲政策的一部分，在后来的许多朝代里都曾使用过。

在民间流传的故事版本中，王昭君原本是入宫的秀女，因为不肯贿赂画工毛延寿，而被故意丑化以致不能入选汉元帝的后宫。在得知呼韩邪单于前来请求和亲，公主们都不愿意后，她自请出塞，于是汉元帝就将王昭君赐给了呼韩邪单于。

王昭君到匈奴后，被封为"宁胡阏氏（yānzhī）"，意思是王后。后来呼韩邪单于在西汉的支持下控制了匈奴全

世界
大事记
中国

公元前1年 汉哀帝去世，汉平帝
刘衎（Liú Kàn）即位

公元1年 王莽称安汉公，辅佐汉平帝执掌朝政

境，从那以后匈奴同汉朝和好达半个世纪。

但是那些被选中担任和亲的女子内心其实一点儿也不开心。一方面，她们离开了自己的故乡和家人，一旦和亲，就永远没办法再和家人见面；另一方面，其他民族的习俗、环境和汉族很不一样，常常让她们感到难以适应。比如在古代一些北方民族里，失去丈夫的女性可能得跟家族里的其他男人再结婚，这个人可能是丈夫的兄弟，也可能是丈夫的晚辈或长辈。但在中原的礼法里，这是不道德的行为。

可以说，被派去和亲的女子是国家政治的牺牲品。

治理黄河取得成功

汉元帝死后，他的儿子汉成帝刘骜继位了。这是一个好色的皇帝，他娶了赵飞燕姐妹以后就沉迷在温柔乡里，这也为西汉将来的变故埋下了祸根。也是在这一时代，大野心家王莽逐渐获得了大权。

不过刘骜也并不是一无是处，至少在治理黄河水患这件事上他还算尽心尽力。当时的黄河河道跟现在不一样，是从今天的河南省武陟（Wǔzhì）县蜿蜒到达河北省的大名、馆陶等地，再注入渤海的。公元前29年，黄河大堤（金堤）等处决口，导致多达四郡三十二县受灾，所以刘骜派大臣王延世来主持治河。

黄河水流湍急，怎么才能

不让堵塞缺口的石块被水冲走呢？王延世想出了一个好办法。他让人用竹子做了好几个特别大的笼子，然后把石块装进去，再用两条船夹着这些大竹笼，开到河水的中央扔进去，这样水就冲不走石块了。河水终于被堵住之后，王延世又让人在这些石头上面加土夯实，仅仅用了三十六天，新堤就筑成了，被取名为惬山堰。

因为此次治河成功，刘骜非常高兴，把年号改成了河平，并册封王延世为关内侯。

印度佛教开始在中国出现

刘骜去世后，侄子刘欣继承了皇位，也就是历史上的汉哀帝。公元前2年，西域大月氏使臣伊存来到了西汉。他可能并不是最早来到中国的佛教徒，却是第一个把佛经翻译成汉语的人。历史上第一部汉译佛经《浮屠经》就是被他带到中国，并且传授给了弟子，这也是佛教传入中国的标志性事件。

所谓“浮屠”，其实就是是当时人们对“佛陀”的音译，后来简称为“佛”。不过其实《浮屠经》并不是真正的佛教经典，只是一些佛教的常识。真正的佛教经典直到东汉明帝的时候才被翻译成汉语。

你知道“浮屠”是什么意思吗？

大事记

世界

公元14年 罗马帝国皇帝屋大维（奥古斯都）去世，提比略即位

中国

公元8年 王莽称皇帝，定国号为“新”

公元11年 黄河第二次大改道

10

短暂的新莽王朝

王莽是通过什么方式成
为皇帝的呢?

▼ 黄河决堤。

知识充电站

"穿越者"王莽

王莽是一个非常具有传奇色彩的人，他上台之后颁布了许多新措施。比如，将土地收归国有，规定土地不能私下进行买卖。此外，他还改革币制，铸造新钱，强制推行，并由政府来评定物价。有的"复古"的改革措施，看起来跟近现代的一些制度非常相似，以至于有人戏称他是"穿越"回古代的现代人。在西方，有作家认为王莽是一个有着"自由主义"色彩的超前人物。虽然某种程度上来看，他的出发点或许也是好的，但是这些政策违背了当时的社会和经济发展的规律，老百姓们也难以接受，所以他的改革最终失败了。

王莽掌握朝政

从汉宣帝晚年开始，地方豪强就开始大肆兼并土地、隐匿人口。到了汉成帝时期，社会危机愈发严重，各个阶层都开始要求改革。王莽也在这时露出了自己的野心。

王莽生于当时权倾朝野的王氏家族。他生活简朴，为人谦恭，又是儒家学说的虔诚信徒。平时他孝顺长辈、扶助孤寡，而且完全没有贵族公子的傲慢，非常乐于结交贤士，成为当时有名的道德楷模。

凭借着家族势力与良好的名望，王莽可以说是一路扶摇直上，成了大司马，这在当时是个不小的官职。公元前1年，汉哀帝去世后，王莽兼管起了禁军，掌握了兵权。在拥立八岁的汉平帝刘衎登基后，王莽假惺惺地推辞再三，最后接受了"安汉公"的称号，从此彻底掌握了朝政。

在此期间，王莽还主持了一次精确的人口普查。据《汉书·地理志》记载，汉平帝元始二年（公元2年），全国共有12,233,612户，59,594,978人，这个数据之精确，令人惊叹。

走了样的新朝改制

王莽铲除了反对派后，将自己的女儿嫁给汉平帝当皇后。公元4年，王莽又接受了象征至高无上礼遇的九锡之礼。他以重金诱使匈奴等外族遣使来表明归顺及朝贺，进一步提升了自己的名望。

一年多后，汉平帝病死，王莽立孺子婴（即刘婴）为皇太子，他自称假皇帝，假惺惺地代替天子处理朝政。几年后，王莽直接逼迫太皇太后交出传国玉玺，接受孺子婴禅让后称帝，改国号为"新"。

王莽的篡位依靠了舆论与朝野的支持，开了中国历史上通过"禅让"成为皇帝之先河。因为即使是已经很有权势的大臣，也不能直接杀掉现任皇帝并取而代之，至少要找一个看起来正当的理由以让别人认可、信服，否则只会遭到天下人唾骂。编修史书的人也会把这种劣迹写进史书。而采用禅让的方式，就相当于正统皇帝承认自己能力不足，要把皇位交给能够更好地治理国家的人，这样就名正言顺多了。

即位以后，王莽开始大刀阔斧地依照《周礼》进行复古改制，甚至还恢复了"井田制"。但是一千多年以前的制度早就不适应这个时代，他的做法加重了百姓的负担，激起了百姓的反抗。

黄河带来的致命一击

祸不单行，这一时期黄河又发生了历史上的第二次大改道。公元11年，也就是王莽建国三年后，黄河在魏郡（今河北临漳西南）决口，向东南方向摆动了一百多千米，几乎呈直线状地从漯河（今山东）流入渤海，形成了一条非常稳定的入海通道。

许多地方都在这次的黄河大改道中被淹没，大量农民流离失所。王莽在此期间的确曾多次集合全国水利精英商讨研究河患问题，不过，因为王莽的私心，没有一种措施能够得到有效的实行。

这次黄河改道给王莽政权带来了最致命的一击。洪水产生的灾情不但减少了政府财政收入，更动摇了王莽的统治基础。后来消灭王莽政权的起义军，就是主要由灾民组成的。

▼ 被人戏称为"穿越者"的王莽。

75